跟着语文课本长知识

小故事大道理

—— ♥ 情感篇 ♥ ——

唐晓是 ◎ 编选

图书在版编目（CIP）数据

小故事大道理. 情感篇 / 唐晓是编选. -- 武汉：
长江文艺出版社，2025. 6. -- ISBN 978-7-5702-4023-4

Ⅰ. I18

中国国家版本馆 CIP 数据核字第 2025BT7512 号

小故事大道理. 情感篇
XIAO GUSHI DA DAOLI QINGGAN PIAN

| 责任编辑：马菱荺 | 责任校对：程华清 |
| 封面设计：胡冰倩 | 责任印制：邱 莉 胡丽平 |

出版： 长江出版传媒 ｜ 长江文艺出版社
地址：武汉市雄楚大街 268 号　　邮编：430070
发行：长江文艺出版社
http://www.cjlap.com
印刷：湖北新华印务有限公司

开本：710 毫米×970 毫米　　1/16　　印张：7.25
版次：2025 年 6 月第 1 版　　2025 年 6 月第 1 次印刷
字数：72 千字

定价：24.00 元

版权所有，盗版必究（举报电话：027—87679308　87679310）
（图书出现印装问题，本社负责调换）

目 录

不道是非，不扬人恶 … 1
列子不为小利所动 … 3
你用尽了所有的办法吗？ … 5
追逐幸福的人 … 7
做情绪的主人 … 9
一杯牛奶 … 12
善意的限度 … 14
父爱的磨炼 … 16
四块糖的故事 … 19

做一个负责任的人	21
父亲和一棵小树	24
达尔文的童年	27
二十美元	30
彼得的假期	33
一位母亲写给世界的信	36
享受你自己的选择	39
手足之爱，平生一人	42
姐妹情谊	45
哥哥留下的十二条建议	47
狄仁杰的为人之道	50
世恩夜待	52
一把伞	55
我只看我所拥有的，不看我所没有的	57
因为我们说"您好"	60
哥哥的礼物	62
"燃灯校长"	65
为国"深潜"的勇士	69
父子院士	72
"大眼睛女孩"	75
鞋里的小石子	79
永不凋谢的玫瑰	82
提着灯的老人	84

蓝色苹果	86
校长戒烟行动	89
赞美是暗室中的蜡烛	91
没有线的风筝	93
贫穷的国王和圣人	95
老禅师与小和尚	97
人,生当有品	99
国王和猎鹰	102
桥	104
晚餐	107
玩弹弓的男孩	109

不道是非,不扬人恶

　　颜回有一次向孔子请教朋友之间的相处之道,孔子回答他说:"君子对待朋友,即使认为对方有所过失,也只说自己不了解对方是否是一位仁爱之人。对朋友旧日的恩情念念不忘,对过去的仇怨不记恨,这才是仁德之人的存心。"

　　有一次,武叔来拜访颜回,言谈之中指责他人的错误,并加以评论。颜回说:"本来承蒙您到这里来,应该使您有所收获。我曾听孔子说,谈论别人的不是,并不能显出自己有多好;讲别人的过错,也不能显出自己有多正直。因此有道德之人只是就事而论,指责自己的错误,而不去批评别人的不是。"

　　还有一次,颜回对子贡说:"孔子说,自己不守礼仪,却希望别人对自己有礼;自身不讲道德,却希望别人对自己有道德,这是不合情理的。孔子这句话,果真不能不深思啊!"

小故事大道理

　　真正的仁者专注自身的行为是否端正，而不会在背后妄议他人。更何况有时，我们看到的、听到的未必就是事实，倘若无端加以评判，就卷入了是非谣言的传播之中了。特别是当下信息爆炸、舆论纷杂，更对我们有所启发。

列子不为小利所动

春秋时期,列子穷困潦倒,面容憔悴。有人向郑国的宰相子阳举荐列子,说:"列子是有道之士,在您的国家却如此穷困,您难道不重视贤才吗?"于是子阳就派使者送了数十车的谷子到列子家。但列子再三拜谢,拒绝了宰相的好意。

使者离开后,列子的妻子对他捶胸顿足地埋怨说:"听说有道之人的家室,生活都能安乐幸福。可现在我们饿得面黄肌瘦,相国让人送粮食给你,你却不接受,难道我们是命中注定要穷困一辈子吗?"

列子却笑着对妻子解释说:"我之所以拒收相国的粮食,是因为相国并不是真正了解我,而是听信了别人的话才给我送粮食。以后,他也会因听信别人的话而怪罪于我。因此我不能收下他送的粮食。况且,接受别人的供养,不为别人排忧解难,是不义；若为他效命，为相国这种无道的人去牺牲，更是不义！"

后来，郑国人民果然叛乱，杀了子阳。

小故事大道理

在"利"和"义"之间如何选择，是见利忘义，还是舍利求义，是对人品行的严肃考验。列子即使穷困潦倒，却仍然清醒地看到了子阳无道的本质，坚守了心中的道义，不为小利所动，难能可贵。

你用尽了所有的办法吗？

　　有个小男孩，很喜欢在沙坑里玩耍，似乎从来没有厌倦过。有一次，当他兴致勃勃地在沙滩上修筑城堡，挖到很深的地方的时候，意外碰到了一块大石头，让他无法完成心中的建筑蓝图。

　　于是，小男孩开始先清理大石头周围的沙子，以便把大石头从沙堆中弄出来。他手脚并用，使出了吃奶的力气，终于把大石头挪到了沙坑的边缘。然而，他发现自己的力气根本不足以把大石头搬出去。但他决不肯善罢甘休，用手推，用肩顶……一次又一次地拼尽全力。他的小脸憋得通红，汗水不停地从脸上滚下，可是那块大石头还是一次又一次滚回原处。最后一次，大石头滚回来的时候压伤了他的手指。终于，小男孩再也无法忍受，禁不住放声大哭了起来。

　　其实，整个过程都被在不远处的父亲看得一清二楚。

见此情形，父亲快步走到他的面前，温和地问道："儿子，你为什么不用尽所有的方法来搬走这块大石头呢？"

小男孩止住哭腔，十分委屈地说："爸爸，我用尽了所有的办法呀！"

"不是这样的，儿子。"父亲亲切地说，"要我说，你还没有用尽所有的办法。你为什么不来请求我的帮助呢？"

说罢，父亲弯下腰，在儿子的注视下，轻松地把大石头搬出了沙坑。

小故事大道理

在现实生活中，我们会不会这样：越是自己热衷的事情，越想完全靠自己的努力来完成，似乎不如此便不能显示自我的价值，不能获得真正的成就感。实际上，换一种思路，在必要时寻求援助，不仅无损于我们的个性及荣耀，也有助于养成开放的心态。明白了这一点，当别人需要搭一把手时，我们同样会像那位父亲一样，迈步向前。

追逐幸福的人

村庄中住着一位老人,他是世界上最不幸的人。全村的人都受够了他,因为他总是阴沉着脸,时不时就抱怨,成天一副闷闷不乐的样子。

随着时间的推移,他的脾气越来越坏,言语也越来越恶毒。人们纷纷对他避之不及,唯恐自己也沾染上他的不幸。甚至在他的身边,感到快乐都变成了一件让人不自在和冒犯人的事。他的身上总是散发出一种让人感到不快乐的力量。

但在他八十岁生日的那天,一件不可思议的事情发生了。大家纷纷传言道:"今天那位老人看起来很开心,他一点儿也没抱怨,脸上还挂着微笑,甚至整个人容光焕发。"

村里的人们都聚在一起,向那位老人问道:"您这是发生什么了?"

"没什么。八十年来我一直在追逐幸福，后来发现那是徒劳的。于是现在我决定顺其自然，享受我的生活。这就是我现在感到快乐的原因。"老人回答道。

小故事大道理

老人越是执着于追求幸福，反而越陷入痛苦的深渊。这在心理学中被认为是努力反向效应在起作用，比如失眠的夜晚越是想睡却越睡不着，重大的场合越是提醒自己不要紧张内心却愈加发慌。当我们越是执着，便越容易因求而不得产生焦虑，最终适得其反。老人也因为这份执着，把自己变成了能量黑洞吞噬了整个村庄的快乐。当老人最终放手顺其自然，反而收获了平静的幸福。

做情绪的主人

　　公元208年,曹操赤壁之战大败,退兵返回都城许昌。他担心西北的马腾可能会趁许昌空虚对自己发起袭击,便命人敲锣打鼓在都城的正门迎接,并派一队人马从那里进城,自己则悄悄从西门进城。

　　果然,当假扮曹操的车队行驶到门口时,马腾安排的刺客突然从四周蹿出,意图行凶。好在公子曹丕和大臣荀彧在大门率领守将等候多时,一举将刺客拿下,但有个别漏网之鱼逃匿于许昌城内。

　　此时,曹操已于西门安然回到许昌,儿子们赶紧前来西门接驾,他们对父亲的这招声东击西佩服得五体投地。这时大家发现曹冲早早就陪伴在父亲曹操身旁谈笑甚欢,原来聪明的曹冲已经想到了曹操的顾虑,并且知道曹操一直在意许昌西门的城防，因此他料定曹操会从西门回城，因此早就在西门恭候。

看到儿子们都在身旁，曹操便借此机会给儿子们出了一道题："现在刺客藏匿在许昌城内，你们说说，该如何应对这些刺客呢？"

曹植首先献言："儿臣认为应当立刻封锁城门，挨家挨户去搜查，找到刺客将他碎尸万段。"

曹彰接着愤怒地补充："还应当全城发布悬赏告示，动员所有百姓一起拿贼，让他们无处可藏。"

曹丕赞同道："必须严刑处置这些刺客，杀一儆百。"

只有曹冲说道："儿臣建议打开城门，放走刺客。"

曹操问："大家都说要全城搜捕把刺客碎尸万段，你为什么偏偏要放他们走呢？"

曹冲回答道："刺客行刺失败，杀了他们也没什么用。不如放他们走，让刺客把许昌城池坚固、守兵精锐，您安全回城的消息带回西北，让马腾胆战心惊，夜不能寐。"

曹操听了哈哈大笑，对曹冲赞赏有加。

小故事大道理

在如何处置刺客的问题上，其他儿子都愤怒地主张强硬手段，只有曹冲建议将刺客放走，展现了他策略上的智慧和长远眼光，他没有被一时的情绪蒙蔽双眼，反而从这次危机中找到了反制敌人的绝佳机会。曹操深知情绪控制的重要性，因此通过这件事他也教育儿子们，不要愤怒，愤怒会降低人的智慧。

一杯牛奶

从前,有一个贫穷的小男孩,他靠挨家挨户推销售卖各种小玩意儿为生。虽然赚的钱不多,但他省吃俭用,靠着这种方式挣下了自己上学的费用。

有一天,小男孩在走街串巷推销时,感到非常饥饿和虚弱。他觉得自己一步路也走不动了,于是决定去上门要些吃的。他敲开了一户人家,一位美丽的姑娘开了门。小男孩有些不知所措,尽管他饥肠辘辘,但他犹豫再三只请求姑娘给他一杯水。

姑娘看出了小男孩的窘况,她从屋里端来了一大杯牛奶。小男孩有些难以置信,他接过牛奶一滴不剩地慢慢喝完了。

"这杯牛奶,我该付您多少钱?"小男孩不好意思地问道。

姑娘回答说:"一分钱也不用。"

小男孩由衷地感谢了姑娘,然后离开了这里。

多年过去，姑娘不幸得了一种罕见的重病，当地的医生对此束手无策，于是她被转去了大城市的医院，那里有着最先进的医疗设施和最优秀的医生。

医院请来了著名的医学专家凯文医生为姑娘治疗。凯文医生经验丰富，医术高超，但面对姑娘的疑难杂症凯文医生也犯起了难。幸运的是，经过几个月的不懈努力，凯文医生竟成功地控制住了病情。在医生精心的治疗下，姑娘最终被完全治愈。

大家都为姑娘的痊愈而感到高兴，但此时姑娘心中却忧虑重重，她不知道医院的账单到底会有多少。她的存款已经所剩不多，她担心自己无力承担这笔高昂的治疗费用。

终于，姑娘拿到了医院的账单，她用颤抖的双手打开。她惊呆了，只见账单上的费用被全部勾销了，下面还有一张写有凯文医生签名的纸条，上面写着：

"账单在多年前已用一杯牛奶结清了。"

小故事大道理

西蒙娜·薇依说："纯洁的善无比小。"就像姑娘送给小男孩的那一杯牛奶一样不起眼。但正是因为有这样纯洁的、不起眼的善和爱，在传递和温暖着彼此，世界才会变成美好的人间。

善意的限度

史蒂夫的车突然出了故障，怎么也发动不起来，于是他把车送到了修理厂去维修。修车期间，史蒂夫便改成每天乘坐地铁去上班。

有一天晚上，他下班来到地铁站，准备回家。这时，史蒂夫突然注意到车站的角落有一个流浪汉，他觉得流浪汉有些可怜，便从口袋里掏出一些零钱给了他。流浪汉对史蒂夫连声道谢。

第二天，史蒂夫又在车站看见了这个流浪汉。这次，史蒂夫特意出站去给流浪汉买了一份饭送给了他。流浪汉再次感谢了史蒂夫的好意。

史蒂夫忍不住问道："你怎么会沦落至此呢？"

流浪汉抬起头，面带微笑地说道："因为我的善意。"

史蒂夫满脸困惑："这是什么意思？"

流浪汉解释道："我这辈子都在想办法让所有人都感到幸福。无论我自己处境好坏，总是尽己所能去帮助他人。"

史蒂夫问他："那你现在感到后悔吗？"

"不后悔。"流浪汉说，"我只是寒心那些我曾倾尽所有帮助的人们，在我需要帮助时却不愿施以援手。孩子，与其在盖房时把砖块送给别人，不如先建好自己的房子再邀请他人来遮风避雨。否则某天当你回望自己计划中的家园时，只会看见一片空地——那时四处寻找砖块的人就成了你。"

史蒂夫领悟了这番话的深意，感谢了流浪汉的忠告。

小故事大道理

乐善好施本是一件好事，但凡事都应当把握一个限度，哪怕是人的善意也同样如此。助人的前提是不能忘记我们自身的需求和处境，应当在自己的能力范围内去帮助别人，否则助人者反而会变成求助者。

父爱的磨炼

有一位年轻的大学生,每逢休息日和假期,他都赶到父亲开设的工厂去上班。他跟其他工人一样,排队打卡上下班,月底就凭记工卡和工作量结算工资。有一次,他因公交晚点而迟到了两分钟,那个月的奖金就被扣除了一半。他用打工的工资偿还父母为他垫付的学费和日常开支。

终于熬到了毕业,他以为可以接管父亲的工厂了,可是父亲不但没有让他接管工厂的意思,而且对他的要求更加苛刻。他实在想不通,父亲作为工厂的董事长,收入丰厚,还经常大方地捐款给慈善机构,为什么对自己的儿子却如此吝啬,不肯多给一分钱。最终,他被父亲赶出了家门,自谋生路。那一刻,他脑子里涌现了一个恶毒的想法:这样的人肯定不是自己的亲生父亲。

这个年轻人想贷款做生意,可是父亲就是不给他做担保,钱也贷不出来。无奈,他只得去给别人打工。其间,因为复杂的人事关系,他被人挤出了公司。失业后,他用打工积攒的一点资金开了一家小店。由于他的努力,小店的生意不错。不久他用赚来的钱开了一家小公司,小公司慢慢地成长为一家大公司。

天有不测风云,公司因为决策失误和经营不善,最后倒闭了。但年轻人并没有灰心丧气,而是越挫越勇。就在他振作精神准备东山再起的时候,有一天父亲出现在他的面前,告诉他一个郑重的决定:由他来经营家族的企业。父亲语重心长地说:"孩子,虽然和几年前一样,你依然两手空空,但你已经有了一段宝贵的经历。这段经历对你来说是一场苦难的磨炼。拥有了它,你就会珍惜自己的企业,而且我相信你会把它做得更好。"

这位年轻人果然没有辜负父亲和其他人的期望,将一家原本规模不大的家族企业发展成了全球瞩目的跨国企业。他后来回忆道:"正是年轻时经历的这些磨砺,练就了我不轻易放弃、敢于与困难做斗争的性格。"

小故事大道理

心理学家马斯洛曾说:"成长往往是一个痛苦的过程,因而有人会逃避成长。"他告诫我们:"如果你有意地避重就轻,去做比你尽力所能做到的更小的事情,那么我警告你,今后的日子里，你将是不幸的。因为你总是要逃避那些和你能力相联系的各种机会和可能性。"父亲对年轻人的考验，其实正是他深沉的、用心良苦的父爱的体现。而年轻人也通过一个又一个的挫折，吸取了教训，积累了经验，最终使自己强大起来。

四块糖的故事

著名教育家陶行知在担任一所小学的校长时,看到一个男孩子用泥块砸同学,当即制止了他,并要他一会儿到校长办公室去。

当陶行知回到办公室,发现男孩已经早他一步到了。陶行知没有批评他,而是送了一块糖给他,说:"这是奖给你的,因为你按时来到这里,而我却迟到了。"

接着,陶行知又从口袋里掏出一块糖给他,说:"这块糖也是奖给你的,我不让你再打人时,你立即住手了,说明你很尊重我。"

男孩迷惑不解地接过了糖。

陶行知又掏出第三块糖,说:"据我了解,你用泥块砸那些男生,是因为他们不守游戏规则,欺负女生,说明你很有正义感,有跟坏人斗争的勇气，所以我再奖励你一块。"

这时，男孩感动得哭了："校长，你打我两下吧！我错了，我砸的不是坏人，而是自己的同学呀。"

陶行知满意地笑了，他随即掏出第四块糖，递给男孩："为你正确地认识错误，我再奖给你一块糖。"

待他接过糖，陶行知说："我的糖发完了，我们的谈话也该结束了。"

小故事大道理

师生之情有很多种，每一种都会让学生终身受益，难以忘怀。如果说陶先生与四块糖的故事体现了老师的批评的艺术，这"艺术"也是出自陶先生对学生的将心比心，善解人意。师者的尊严不在于相比学生的位高权重，而是以春风化雨的方式润泽孩子幼小的心灵，尊重他们，善待他们。就像德国哲学家雅斯贝尔斯所说："教育是人的灵魂的教育，而非理智知识和认识的堆积。教育的本质意味着一棵树摇动另一棵树，一朵云推动另一朵云，一个灵魂唤醒另一个灵魂。"

做一个负责任的人

有位12岁的男孩,某一天跟小伙伴们在小区街道上踢足球,一不小心将足球踢到了一户邻居的阳台上,只听"砰"的一声,一个花盆掉在地上砸碎了。小伙伴们见惹了祸,四散而去。

邻居家住着一位慈祥的老人,他没有生气,而是耐心等着那个冒失鬼来道歉,这个事就了结了。可是他左等右等,也没见有人来。老人心想,也许晚上孩子的父母下了班,会一起来。但是一晚上也没有任何人来敲门。

第二天早晨,老人远远看见一个小男孩在出租车司机的帮助下,抬着一个花盆走过来。男孩很有礼貌地对他说道:"先生,很抱歉。昨天踢球时不小心打碎了您家的花盆,因为商店关门了,没办法买新的来赔偿。今天早上商店一开门,我就去买了这个花盆。请您原谅我的过失。我保证这种事再也不会发生了,请相信我。"

慈祥的老人连忙摆手说没事，不要放在心上。他还热情地招呼孩子吃早点，临走又送给他一袋饼干。

老人以为这件事就此结束了。可是小男孩拿着那袋饼干回家后，他的父母很快将它送了回来。见老人一脸的疑惑，他们诚恳地解释不能接受的理由：一个孩子犯了错，是不应该得到奖励的。

原来，小男孩回家后，将自己闯祸的经过原原本本告诉了父亲。父亲严肃地说："家里虽然不缺这点钱，也不能帮你解决这个问题。你自己犯的错，就应该自己负责。"但后来父亲考虑了一下，还是掏出钱来，对儿子说："这钱是借给你的，你要赔人家一个新的花盆，而且你必须自己想办法把借的钱还给我。"

此后，小男孩用课余时间到街区送报纸，为邻居送牛奶，周末帮人家修剪草坪……当他终于把攒够的钱自豪地还给父亲时，父亲也为他感到自豪。他对儿子说，他相信一个能为自己的过失负责的人，将来一定会成就一番事业。

多年以后，小男孩成为众人敬仰的好市长，他从没忘记那天早晨站在邻居门口的情景，也从没忘记那位慈祥的老人。他感谢父亲教他要为一个打碎的花盆负责。正是从那时起，他开始学习为更多的人负责任。

小故事大道理

　　人非圣贤，孰能无过？何况是在懵懂无知的少年时。但在现实生活中，能为自己的过错勇敢担责的孩子还是不多见；更有糊涂的父母，总以"孩子还小，他能懂什么"为借口，让孩子在犯错之后还有恃无恐。他们以为保护了自己的孩子，殊不知却让孩子在不负责任的路上越走越远。为自己的过错担责是孩子走向成熟的重要一步。只有勇于为自己负责的人，才可能在将来为更多的人、为社会负起应尽的责任。

父亲和一棵小树

美国第 32 任总统富兰克林·罗斯福，是美国历史上任期最长的总统，也是一位坐在轮椅上的总统。

因为小时候患上的脊髓灰质炎导致了瘸腿，牙齿也东倒西歪，那时候的小罗斯福非常自卑，课上不回答老师的问题，课下也不和同学们玩闹，独自待在一旁。虽然出生在富豪家庭，他在家里也没有因为身体病弱而得到特别的关爱。父母从不因此娇惯他，而是像其他孩子一样严加管教，特别是母亲。所以，他常常认为自己是这个世界上最不幸的孩子。

有一年春天，父亲从邻居家要来了些树苗，让孩子们每人负责栽一棵。父亲说，谁栽的树苗长得最好，到时候就给谁买一件最棒的礼物。小罗斯福也很想得到父亲的礼物，但是看到兄妹们欢快地提水浇树的身影，心里竟然莫名其妙地生出一种想法：希望自己栽的那棵树早点死掉算了。于是，在浇过几次水后，心灰意冷的小罗斯福就不再理它了。

没承想好几天过去了，他发现自己栽的那棵树不仅没有枯萎，反而长出了片片新叶，似乎比兄妹们的树更有生气。兄妹们也感到有些不可思议。最终，父亲兑现了他的承诺，为小罗斯福买了一件他最喜欢的礼物。父亲还鼓励小罗斯福说，长大后他一定能成为一位出色的植物学家。

打那以后，小罗斯福内心里有了对未来的美好憧憬，不再郁郁寡欢，而是渐渐变得乐观开朗起来。

有天晚上，他躺在床上睡不着，看着窗外一轮皎洁的月亮，突然想起课堂上生物老师说的话，植物一般都是在晚上生长，于是爬起来想去看看自己种的那棵小树。当他来到院子时，看见父亲正在给那棵小树浇水。他这才恍然大悟，原来是父亲一直在偷偷地帮自己养护！他没有出声，又悄悄返回自己的房间，禁不住泪流满面……

长大后，罗斯福并没有成为一名植物学家，而成了美国历史上最受民众欢迎的总统之一。

小故事大道理

父母的关爱和激励的方式是各种各样的，对我们的作用则是一致的：转化为我们学习、进步的动力。父母的严苛或者松懈、偏心或者一视同仁，往往同样出于良苦的用心。小罗斯福值得庆幸的地方在于，他发现自己是得到"偏爱"的那一个，他感激父亲特别的爱，并且因为感激而奋发，没有因为自己的病弱而把受到特殊关照视为理所当然，所以他成就了最好的自己。

达尔文的童年

从前有个小男孩,他对大自然充满了浓厚的兴趣。他一点儿也不喜欢上学,学校里教的拉丁文和希腊文是多么枯燥啊。他的功课差极了,甚至连老师都怀疑这个孩子是不是智力有问题。但他一点儿也不在意。一有时间,他不是在家附近的树林里游荡观察各种植物和动物,就是钻进花园里和花草小虫为伴。

小男孩的父亲是一位著名的医生,母亲来自大户人家。从小,父亲就对他寄予厚望,希望他将来也能成为一名医生。可小男孩对功课如此散漫,让父亲十分生气,父亲认为小男孩根本就是不务正业,教训他:"你整天不是抓虫子就是抓老鼠,你什么都不关心,将来会有辱你自己,也会辱没整个家庭的。"小男孩的姐姐也认为他不求上进,不愿意和他玩。

但是,小男孩的母亲却不这样看他。小男孩的母亲和蔼可亲,很有见识和教养。她想,如果孩子没有一些自己的乐趣,那他的生活还会有什么色彩?

一天,母亲带着姐弟俩在花园玩耍。母亲从花园里采了一朵花举在手上,她对姐弟俩说:"孩子们,你们比一比,看谁能通过花瓣先认出我手上拿的是什么花。"每一次,小男孩总是比他的姐姐认得快;每一次,母亲都高兴地吻他一下。

对小男孩来说,这是多么令人兴奋的一件事啊。他能够回答出姐姐无法回答的问题,他能够认出许多植物和动物的名称,他甚至能通过观察蝴蝶翅膀上斑点的数量,辨认它们是什么品种的蝴蝶。

对于母亲的做法,父亲觉得不可理喻。他认为那是对儿子的不良嗜好的放纵,除了暂时让儿子高兴一下,对他的成长没有一点用处。

但是,就是这位痴迷于花草鸟虫的孩子,多年后成了一名著名的生物学家,创立了轰动世界的生物进化论。他就是19世纪英国最伟大的博物学家、生物学家查尔斯·达尔文。

小故事大道理

每个孩子都有自己的独特之处,都拥有自己的闪光点。故事中的老师、父亲和姐姐,是在用看待所谓"正常"孩子的眼光在对待、评价达尔文,他们手里拿着一把一模一样的尺子。母亲的伟大并不完全在于体贴、关爱孩子——每一位母亲都会这样做——而是发现孩子的兴趣、特长，并想方设法鼓励、激发孩子按照自己的意愿生活。她可能并没有指望孩子将来成为伟大的博物学家，她的初心只是希望孩子的生活充满阳光和色彩。

二十美元

夜幕降临，一位父亲才下班回到家，发现五岁的儿子正靠在门旁等着他。看样子他已经等了很长时间了。

"爸爸，我可以问您一个问题吗？"

"你想问什么问题？"

"爸爸，您一小时可以赚多少钱？"

"干吗要问这个问题？"

"我只是想知道，请告诉我，您一小时能赚多少钱？"

"我一小时赚20美元，这有什么问题吗？"工作了一天的父亲浑身疲惫，满心烦躁，所以说话也没好气。

"哦，"儿子顿了顿，仿佛下了很大决心似的，接着说道，"爸爸，可以借给我10美元吗？"

父亲有些生气了："别想拿钱去买那些毫无用处的玩具，赶紧回你房间乖乖上床。我每天这么辛苦地工作，你却一点都不体谅我。我可没时间和你玩小孩子的把戏。"

儿子安静地回到他自己的房间并关上了门，只有父亲一个人气鼓鼓地还在客厅。

过了一会儿，父亲的气消了一些，他觉得刚才对儿子太凶了——或许儿子真的需要买什么东西，再说他平时也很少要过钱。于是父亲轻轻地走进儿子的房间，发现儿子正躺在床上。他问："你睡着了吗，孩子？"

"爸爸，还没，我还醒着。"

"对不起，我刚才对你太凶了，今天我太累了，"父亲边说边将钱递给儿子，"这是你要的10美元。"

"爸爸，谢谢您。"儿子高兴地接过钱，然后从枕头下面抽出一些皱皱巴巴的钞票，仔细地数了起来。

"你已经有这么多钱了，为什么还要？"父亲看着眼前的一幕，火气不禁又冒了起来。他不知道这孩子今天是怎么回事。

"因为那些钱还不够，但现在我终于有了足够的钱。"儿子高兴地说道，"爸爸，我现在有20美元了，我可以向您买一个小时的时间吗？明天请早一点儿回家——我想和您一起吃晚饭。这是我盼望了很久的事情，可以吗？"

父亲站在床前，低着头，半天说不出一句话。

小故事大道理

　　父子天天相处，难免会产生这样那样的误解，或者生出隔膜：父亲为了全家辛苦赚钱却不被理解，会感到委屈；儿子因为父亲忙于工作而没时间陪自己吃顿晚饭，而感到伤心。化解这一切最好的方法是敞开心扉，真诚交流。没有什么是真挚的爱所不能解决的。

彼得的假期

早上天还没亮,妈妈准备去上班,临走前她叫醒九岁的彼得,说道:"你的假期开始了,今天你的任务是在屋子旁种下一棵小树,然后阅读《遥远的青山》这本书。"

妈妈仔细地告诉彼得要去哪里挖树,怎样种树,然后将《遥远的青山》放在桌子上,就去上班了。

彼得心想:"让我再睡一会儿吧,妈妈出门上班,正好能睡个懒觉。"于是他又躺了下去,回到了梦乡。他梦见:他在屋旁种的小树长大了,而"遥远的青山"也并不遥远,就在池塘边。

这时彼得醒了过来,发现太阳已经当空。他喊了一声"糟糕",想赶紧开始劳动,但他又想了想,觉得时间还早。于是彼得走到一棵高大茂盛的梨树下坐了下来,心想:"我休息一会儿再开始劳动吧。"

接着，彼得来到花园，吃了新鲜的果子，跟蝴蝶又玩了半个小时，然后又回到梨树下坐了下来。

晚上，妈妈回来后问："儿子，你今天都做了什么？"

但玩了一天的彼得什么都没做，他感到很惭愧，不敢正视自己的母亲。

妈妈见状，对彼得说道："儿子，你要知道，现在世界上少种了一棵树，也少了一个知道什么是《遥远的青山》的人。你失去了巨大的财富——知识。现在，无论你多么努力，也无法弥补被你浪费的这一天。来吧，让我来告诉你，人们在你浪费的这一天都做了些什么。"

妈妈牵着彼得的手，来到一块刚刚耕过的麦田边，说道："昨天这片麦田刚刚收割完，今天已经被开垦完毕。这是拖拉机手的劳动成果，而你却在虚度时光。"

接着，她带孩子去了一个集体农庄的村民家里，这里摆着许多装满苹果的木头箱子，说道："这些苹果早上还挂在树上，现在，你看，它们已经被装进了箱子里。而晚上它们将会被送到城里去。我也在这里工作，而你却在虚度时光。"

妈妈把儿子带到一个麦穗堆旁，她说："早上它们还只是麦穗。收割机的操作员把它们收割下来，脱粒，磨碎，司机把它们运回来，而你却在虚度时光。"

妈妈把孩子带到一座白色大楼前，她带着儿子走了进去，彼得看到在货架上有很多烤好的面包，这里的一切闻起来都是香甜的面包味。"这里是面包房，早上这些面包还是面粉，但是现在它们成了如此诱人的美食。面包师全天都在辛勤工作，汽车将这些面包运到商店，而你却在虚度时光。"

最后，他们走到了一栋屋子前，在门口彼得念道："图书馆。"

他们走进去，图书管理员指着一个大书架，上面放着很多书。"这些都是最近大家读完的书，今天才还回来。而且，又有这么多书被借走了。"管理员说道。

"……而我却在虚度时光。"彼得在心里想。他感觉到了羞愧，低下了头。现在他明白了什么是"失去的一天"了。

（[苏联]苏霍姆林斯基）

小故事大道理

俗话说，一寸光阴一寸金，寸金难买寸光阴。故事里的小彼得很像现实生活里的很多孩子，总是把自己应该做的事情不断向后推，总觉得还有大把大把的时间等着自己。结果一天过去了，两手空空，脑子里也是空空荡荡的。母亲并没有直接训斥儿子，而是耐心带着他走出家门，去看看其他人一天的满满的收获。孩子们正在享受别人创造的这一切，他们也应当慢慢学会在这一切之中加上自己的奉献。

一位母亲写给世界的信

亲爱的世界，我的儿子今天开始上学。从此刻开始，他可能会觉得所接触到的一切既陌生又新鲜。我希望在任何情况下，你都能对他温和一点。

你知道，直到现在，他一直是家里最受宠的人，从没有离开过我的身边。

可是现在，当他的脚跨出门槛，一切都将发生变化。

他将继续走下屋前的台阶，朝我们挥挥手，踏上他伟大的、未知的冒险征途。途中也许会有失败、泪水和伤痛，但我告诉他，必须面对。他要在他必须生存的世界中生活，他需要信念、爱心和勇气。

所以，世界，我希望你握住他稚嫩的手，教他知道一些事情。教他——但如果可能的话，请温柔一点儿。

教他知道，世界上有一个恶棍，就有一个英雄；有一个奸诈的政客，就有一个富于奉献精神的领袖；有一个敌人，就有一个朋友。

教他感受知识的魅力，引导他走向田野，去安静地思索自然界中永恒的神秘：空中的小鸟，阳光下的蜜蜂，草甸上的花朵，山涧里的小溪。

教他知道，失败比欺骗要光荣得多；教他要坚定自己的想法，哪怕别人都予以嘲笑和否定；教他可以把自己的体力和脑力以最高价出售，但绝对不要出卖自己的爱和灵魂；教他对暴徒的嚎叫不屑一顾，并且在认为自己是对的时候冲上去战斗。

以温柔的方式教导他，世界，但不要溺爱他，因为只有烈火才能炼出真钢。

这是个很高的要求，世界，请你尽力而为。你看他是一个多么可爱的小伙子。

小故事大道理

这封信可以看作是母亲的喃喃自语，也可以视为母亲与即将离开爱的小屋、走向学校和社会大家庭的孩子的心灵对话。母亲是世界上最关心、最疼爱孩子的人，但这种关心和疼爱并不是要时时刻刻保护孩子不受任何伤害，而是在该放手时放手让他去了解、体验世界的丰富性和复杂性，让他经风雨、渡难关，同时希望世界对他温柔以待。

希望每一个孩子在踏出家门的第一步时，都能记住母亲的叮嘱；也希望这个世界能仔细聆听一位善良而果敢的母亲内心的倾诉。

享受你自己的选择

"天才少女"谷爱凌在北京冬奥会上矫健优美的身姿,自信开朗的个性,相信在无数国人心中留下了深刻的印象。在自由式滑雪女子大跳台项目中,在众人的屏息静气中,她的空中1620度转体,让她瞬间逆转排名,夺得冠军。

赛后,谷爱凌分享了其中的一个细节。在跳第三跳之前,她跟妈妈谷燕通电话,想听听妈妈的意见。当时妈妈劝她别冒险,做一个有把握的安全动作,保住银牌就可以了。可她没有听从,觉得"如果不尝试一下的话,那就不是完整的'我'"。

在询问、确认女儿要跳难度系数非常高的1620度转体后,谷燕没有坚持自己的意见,而是选择尊重她,并留下了一句话:"最后的选择是你的,这是你的比赛,我希望你能享受它。"

谷爱凌在接受采访时说,她从小的偶像有两个:一个是外婆,一个是妈妈,"她们都是非常有力量,非常自信,且非常勇敢的女性"。

在女儿兴趣爱好的发展上,谷燕给了谷爱凌很大的自由选择的空间,只要女儿感兴趣的,她都给机会让女儿尝试一下。谷燕觉得:"你要去试一次,最不好的结果就是你不喜欢,但万一特别喜欢,你就是赚了。"所以,当初让女儿学滑雪,不是为了将她培养成世界冠军;让女儿放假到北京学奥数,也不是为了回美国碾压所有同龄人。只要孩子感兴趣,或者在还不知道自己喜欢什么、擅长什么的时候,就尽量满足孩子的好奇心,让孩子多尝试,多探索。每一个孩子都有自己的热爱和天赋,给足机会和空间,孩子才有可能在某一次尝试中,找到开启人生辉煌旅程的钥匙。

谷爱凌还记得2017年1月,她和妈妈前往帕克城参加比赛。比赛的前一天晚上,她突然发起高烧,心急得躺在沙发里默默哭泣。妈妈安慰了她几句就出门了,在夜晚漫天飞雪的帕克城,开着车去一家家药店咨询、买药,让谷爱凌吃下。第二天,还在发烧的谷爱凌执意要上赛场。不出所料,首轮比赛她就出现失误,摔倒在赛场上,获得了第二名。虽然获得了进入决赛的资格,谷爱凌还是有点不开心,但妈妈抱着她说:"没事的,你特别特别棒。"

没承想到了晚上,谷爱凌的病情又加重了,不仅头疼、嗓子疼,就连每次呼吸,肺部也跟着疼。妈妈看着女儿,有些心疼说:"要不明天不比了吧,咱们能一直跳就不错了,重在参与。"

谷爱凌不服气地说道："比赛的时候才不管你有没有跳过。"她一手托着脑袋，一边看明天的参赛名单，想着比赛的对策。

第二天，重感冒的谷爱凌继续上赛场。赛场上的风雪越来越大，来不及多加思考，随着教练的一声令下，谷爱凌进入赛道。"加油爱凌！"妈妈在身后大声鼓励着。此时的她，只希望女儿能安全落地，名次已经不重要。幸运的是，谷爱凌那次比赛动作完成得非常好，击败了强有力的对手，获得了冠军。

也许正是因为有这样强大而温柔的"天才妈妈"做自己最坚实的依靠，谷爱凌在面对人生中的每一次挑战时，才会义无反顾地勇往直前。

小故事大道理

心理学家威廉·詹姆斯说："潜藏在人们内心深处的最深层次的动力，是想被人承认，享受人尊重的欲望。"谷爱凌的成功，与母亲谷燕对她的兴趣爱好和个人选择的尊重、鼓励是分不开的。母亲总是鼓励谷爱凌勇于体验，享受过程，她常说："我们虽然要为目标奋斗，但更要享受沿途的风景。专注于事情本身带给你的享受，要比得到那个结果更为重要。"

手足之爱，平生一人

苏轼、苏辙兄弟俩从小在一起读书，一天都没有分开过。苏辙曾说："我小时候跟着哥哥跋山涉水，有危险总是哥哥照顾我。"他的诗中有"自信老兄怜弱弟，岂关天下少良朋"之句，意思是说，平生有兄长关爱就心满意足了，没有朋友也没关系的。

苏轼年长苏辙两岁，少年时两人或切磋琢磨，或登山临水，亲密无间。后来出蜀迎考，又同登进士科，同策制举。父亲苏洵去世后，二人更是相依为命。诚如苏辙所言："手足之爱，平生一人。"苏轼则写道："嗟予寡兄弟，四海一子由。"

兄弟二人第一次远别是苏轼初任凤翔签判，当时苏辙从京城开封送他到郑州西门之外，独自骑马夜返。苏轼恋恋不舍地望向归去的弟弟，酝酿再三，写成《辛丑十一月十九日既与子由别于郑州西门之外》一诗。诗道：

登高回首坡垄隔，

惟见乌帽出复没。

苦寒念尔衣裘薄，

独骑瘦马踏残月。

后来，卷入政治斗争漩涡的苏轼身陷囹圄，在狱中几度想要以死明志，但一想到弟弟苏辙肯定会追随自己而去，便放弃了自杀念头。苏轼坐牢不知外面的事情，也不知朝廷会如何处置自己。儿子苏迈每天送牢饭，父子俩约定平时只送菜肉，"若有不测，则送鱼"。

有一天，苏迈找人筹钱，受托代为送饭的人不知道他们的约定，送了一条鱼。苏轼见状大哭，料定自己必死，写下两首诀别诗给苏辙，其中一首最后两句是："与君世世为兄弟，又结来生未了因。"

苏辙读了诀别诗，放声大哭，上书请求以自己的官职为兄赎罪，未获批准，还遭牵连被贬官。苏辙没有丝毫怨言，还将哥哥的家小接到自己家中安顿。也有传说，正因为神宗皇帝读了苏轼的诀别诗，感其深情和才华，才赦免了他。

苏辙敬爱兄长，甚至以"师"相待。苏轼66岁病逝于江苏常州，苏辙遵兄遗愿，将他葬于河南郏县，亲撰《东坡墓志铭》，其中有言："扶我则兄，诲我则师。"而苏轼也曾说苏辙："岂独为吾弟，要是贤友生。"

苏轼去世11年后，苏辙也病逝了，如其所愿地与兄长安葬在一起。

小故事大道理

在中国传统文化中，有关兄友弟恭的手足之情的传说、故事很多，比如孔融让梨、赵孝争死等。文学史上，苏洵与其子苏轼、苏辙并称"三苏"，皆是一代大文豪。像苏轼与苏辙这样的兄弟情谊，有高尚而儒雅的思想情感、趣味心性作润泽，彼此之间既为手足又为知音，真是至纯至美的天伦之乐。

姐妹情谊

在英国文学史上,勃朗特三姐妹的故事,是那样美丽动人。她们既作为璀璨的星座而闪耀,又作为单独的巨星而发光。经过一百多年时间的考验,夏洛蒂的《简·爱》和艾米莉的《呼啸山庄》,已在世界文学宝库中占据了不可动摇的地位。而安妮以《艾格妮丝·格雷》《怀尔德菲尔府的房客》两部小说,也在英国文学史上占有一席之地。

勃朗特姐妹从小生活的豪渥斯是一个苦寒又单调的山区,陪伴她们的唯有茫茫旷野和开着石楠花的沼泽地。在这样枯燥的环境中,文字游戏驱走了乏味的生活,成为三姐妹的精神寄托。

从童年开始,勃朗特家的孩子就创作诗歌与小说,构造他们想象中的王国。由于生活艰难,勃朗特姐妹不得不在慈善学校度过了一段童年。慈善学校里的生活条件十分恶劣,安妮和艾米莉的两个姐姐先后患肺病死去，这给夏洛蒂带来极其沉重的打击。此后，夏洛蒂和艾米莉就回到家里，与弟弟勃兰威尔和妹妹安妮一起自学。

为了打发寂寞的时光，他们四个便常常读书、写诗，杜撰传奇故事。他们自办了一个手抄的刊物《年轻人的杂志》，自编自写自读。这给他们带来了莫大乐趣，也为三姐妹日后成为著名作家打下了基础。

1845年秋季的一天，夏洛蒂偶然看到艾米莉写的一本诗集，深受感动，想到写作也许是一条出路。于是，她动用了去世的姨妈留给她们的遗产，与两个妹妹合出了一本诗集。尽管诗写得很美，却未能引起人们的注意，诗集只卖掉了两本。

尽管三姐妹的生活条件艰苦，但这本诗集的出版极大地鼓舞了她们创作的热情，支持她们在文学的道路上越走越远。姐妹之间的相互理解支持，共同的兴趣爱好，支撑她们度过了清苦而充满希望的岁月，她们也为人类创造了宝贵的精神财富。

小故事大道理

或许，勃朗特姐妹与苏轼兄弟一样，都因为纯洁的心灵和美好的追求，相互理解相互支持；她们在艰难曲折的人生旅途中，在苦难的生存处境中，也尽情品尝了人间的温暖，并且留给后世绝美的精神财富。这应该算是幸福的最高境界了吧。

哥哥留下的十二条建议

罗伯特·波拉尼奥是智利著名作家,因肝脏衰竭,没来得及等到移植而离世。不久,他的母亲也因悲伤过度离开了人世。

他的妹妹玛丽亚·萨落梅强忍悲痛,去清理母亲的公寓,发现了哥哥生前保留的许多报纸。其中有份报纸里包了张纸条,上面写有给她的12条建议:

1. 爱自己,也爱他人。
2. 学会不断发现事物的美好,即使痛不欲生。
3. 对朋友微笑,让他在记忆里留存你的微笑。
4. 不要害怕孤独,相信自己的未来,被爱的人永远不会消失。
5. 用心触碰、用心看、用心听、用心去闻世界的变化。

你要记住，你是唯一能治愈自己的医生。

6. 一百个人的冷漠，并不代表一千个或者一万个人的冷漠。

7. 成为忠诚、有批判性的人，保持客观，但要减少客观带给你的偏执。

8. 请记住，你的身体很美丽，即使是缺少爱，你的身体也美丽依然。

9. 不要恨别人。同情他们，爱他们，帮助他们，亲吻他们。

10. 毫无疑问，即使你痛不欲生，也要继续生活，也要爱自己，看看生活能给你什么。

11. 沉默，欢笑，相信。

12. 如果你孤独终老，请在医院或者花园里将你所知的秘密写下。

小故事大道理

波拉尼奥的长篇小说《荒野侦探》曾在拉美文坛引起巨大轰动，他在短暂的一生中共创作了 10 部长篇小说、4 部短篇小说和 3 部诗集。他没有把纸条给妹妹，可能是没有想到自己会这么快离开人世。他对妹妹的爱和期望都浓缩在这 12 条建议中，每一条都值得我们细细品味和思考：我们要做一个怎样的人？如何在这个世界上立足？又如何对待自己和他人？其中的第一条"爱自己，也爱他人"也许是最关键的。

狄仁杰的为人之道

狄仁杰是唐朝武周时期的一代名臣。狄仁杰正直清廉、执法严明，在任豫州刺史时，其为人为官都受到百姓的尊敬和称赞。后来，他被武则天赏识，成了宰相。

有一天，武则天问他："听说你在豫州时，名声很好，政绩突出，但也有人在揭你的短，你想知道是谁吗？"

狄仁杰回答道："人家说我的不好，如果的确是我做错了，我愿意改过；如果陛下明白我并无过错，那么这是我的幸运。至于是谁在背后中伤我，我不想知道，还会把他视为我的朋友。"

武则天听了，认为狄仁杰心量大、胸襟宽，很有政治家风度，更加赏识他、敬重他。

还有一次，朝中发生了一件大案，涉及多位高官贪污受贿。武则天命狄仁杰负责调查此案。在调查过程中，狄仁杰发现武则天的一位亲信竟然牵涉其中。这下狄仁杰陷入了两难的境地。如实上报可能会得罪武则天，但如果隐瞒不报就此放过，又违背了自己的原则。经过深思熟虑，狄仁杰还是决定秉公断案，将调查结果如实上报给了武则天。

当武则天听闻自己的亲信卷入贪污案时，她的脸色变得异常严肃，就在大家以为狄仁杰难逃此关时，出乎所有人的意料，武则天非但没有责怪狄仁杰，反而称赞了他的正直和勇气。她说："能够不畏权贵，秉公执法，这才是真正的忠臣。"

狄仁杰非凡的政治智慧和刚正不阿、正直贤善的品德深受武则天的赞赏，不仅尊称狄仁杰为"国老"，还授予他紫袍，并亲自在紫袍上写下了"敷政术，守清勤，升显位，励相臣"12个金字，以示表彰。

后来，狄仁杰因病去世，武则天流着泪说："上天过早地夺去了我的国老，使我朝堂里没有像他那样的人才了。"

小故事大道理

真正的君子是坚守本心、无愧于天地的。高尚的人格和强大的内心可以让他们不计较于流言的毁誉，也无惧于强权的威慑。正是这样纯粹的赤子之心，让狄仁杰成为一代名臣，千古传诵。

世恩夜待

明朝时候，有个人叫陈世恩，是神宗皇帝万历年中的进士。他家里一共兄弟三人，大哥是个举人，学问和道德都很好，孝顺廉洁，受到乡亲们的敬重。陈世恩是老二，当时还没有成就，但德行也如哥哥一样受到众人的称赞。但他们的三弟却是个游手好闲的人，经常一大早就不见了人影，在外胡混到深更半夜才回。

俗话说，长兄如父。大哥看在眼里急在心里，只要有机会就苦口婆心地劝三弟，让他不要再游手好闲，要勤勉读书。但无论大哥是好言相劝还是严厉指责，三弟就是不听，依然我行我素。见此情景，陈世恩便对大哥说："大哥，看来你这样是不大奏效，久了反而怕伤了兄弟之间的和气，不如让我来试试吧。"

于是当晚，陈世恩便亲自守在大门外，直到弟弟深夜回家。

当弟弟回来时，陈世恩没有一句责骂，反而关心他在外面冷不冷、饿不饿。弟弟见哥哥如此关心自己，还亲自守门到深夜，一时不知所措。

第二天一大早，弟弟又溜出去了，仍是一整天不见人影。陈世恩仍然和前一晚一样，在门口一直等到深夜弟弟回家。陈世思没有一句指责，反而贴心地给弟弟泡了热茶，让他早点休息。这下弟弟有些受不住了，自己在外面花天酒地，哥哥却吹着寒风一直在门口等他，这让他心里满是愧疚。

此后几天，每当弟弟出门潇洒时，眼前总是时不时浮现哥哥在深夜翘首企盼自己回家的模样。这天，他终于也没心情在外玩乐了，便向朋友们告辞。朋友们嘲笑他说："这么早回去，难道是怕家里的大棒槌吗？"不得已，弟弟只好又和他们玩到深夜。等弟弟赶到家时，又看到哥哥陈世恩站在门口等他的身影，他不觉羞愧交加"哇"的一声哭了出来，当即向陈世恩请罪："我错了，请二哥责罚我吧！"

从那以后，弟弟便像换了个人似的，再也不和那帮朋友一起鬼混了。在两位哥哥的悉心教导下，他也变得勤勉好学，成了一位德才兼备的人。

小故事大道理

　　大哥的"晓之以理"没能让三弟回心转意，反而险些伤了兄弟和气；二哥陈世恩则采用"动之以情"的方式，让三弟从心底悔过自新。可见劝勉有时也需讲究方法，多一些耐心，多一些关心。

一把伞

知名作家、被称为"小品文大王"的黄小平，曾经讲过这样一个故事。

有一次，他应邀到一所学校讲德育课，问学生："如果下雨，是好人淋雨多还是坏人淋雨多呢？"

学生们都说，是好人。

"为什么呢？"他看着学生们。

学生们七嘴八舌回答：因为好人宁可自己淋雨，也要把伞让给别人；因为小偷总是偷走好人的伞；因为总有坏人会抢走好人的伞……

他接着问："既然这样，那你们是想做好人，还是做坏人呢？"

一时间，刚刚七嘴八舌抢着回答的学生们，突然沉默下来。教室里一片安静。

过了一会儿，一个学生站起来，打破了沉默，说道："我愿意做好人！"

他问学生为什么。

那位学生目光澄澈，说道："因为好人的心，本身就是一把伞！"

黄小平听到此处，好像被什么击中了一样。

小故事大道理

很多时候，我们并不是把为什么要做好人想得很清楚了，才迈出那一步；甚至也无法说明白，在屡遭欺骗、伤害后，为什么仍要坚持下去。但实际上，就像那位学生说的，好人的心本就是一把伞，一把为人遮风挡雨的伞！好人虽然会被雨淋湿，但他甘愿为别人撑起一片晴空。如果每个人都这样想、这样做，这个世界虽然仍会阴雨连绵，但在阴雨连绵中出现的那道光明，才是真正的大光明。

我只看我所拥有的，不看我所没有的

有个女孩，一出生就罹患了脑性麻痹，运动神经和语言神经都受到了伤害。她从小只能全身软软地卧在床上或地上，不能说话，嘴还向一边扭曲，口水也止不住地往下流，看不出有一点智力的样子。医生判定她活不过六岁。

当时，她的爸爸妈妈抱着身体软软的她，四处寻访名医，结果得到的都是无情的答案。

上学对女孩来说是一场可怕的噩梦。上一年级时她无法拿笔，妈妈总是握着她的手，花上大半天的时间教她写字。经过努力练习，一年后，她终于学会了写字。

小学二年级时，她就立志当画家；小学四年级想当作家。

14岁时，女孩全家移民到美国，她进入洛杉矶市立大学就读，之后转到加州州立大学艺术学院。

有人问她会不会自卑,她用笔回答道:"自卑是很正常的情绪之一,但如果过分自卑,就形成一种病态了。我比一般人好像更容易自卑,但我已接受我自己。"

有一次,她应邀到一所学校演"写"(不能讲话的她必须以笔代口)。会后提问环节,一位学生贸然地问道:"黄博士,你从小就长成这个样子,请问你怎么看你自己?你有过怨恨吗?"在场的听众都对这种唐突的提问感到有些惊讶。但她却十分坦然,回转身去慢慢地黑板上写下了这么几行字:

一、我好可爱!
二、我的腿很长很美!
三、爸爸妈妈那么爱我!
四、上天这么爱我!
五、我会画画,我会写稿!
六、我有一只可爱的猫!
……

报告厅里鸦雀无声,只有粉笔划过黑板的声音。

她转过身来看了大家一眼,再次转过身去,在黑板上写下最后一句话:

我只看我所有的,不看我所没有的。

顿时，全场响起了雷鸣般的掌声。

这个乐观自信的女孩是谁？她，就是美国南加州大学艺术学博士、画家黄美廉女士。

小故事大道理

在常人眼中，这个女孩是一个被命运剥夺得所剩无几的人，但她不仅看到自己的所有，并且尽一切可能善用它们。她的朴实、坦荡和倔强，无疑是生命存在的一个特殊例子。但她既相信自己的志气、智慧和努力，也相信世人的善意和世界的美好。她所说的"我所没有的"可以说是命运的不公，其实也是那些外在的物质性的东西，是令心灵贫乏者追逐和沉迷的。因此，只要努力地完善自己，就不必用他人的过错来惩罚自己，不会以他人的评判议论来决定自己的苦乐。人生无常，但我们可以像她那样牢牢把握自己的命运。

因为我们说"您好"

一对父子走在林间宁静的小路上。四周寂静，只有远处啄木鸟"笃笃"的啄木的声音和森林深处溪流潺潺的流水声。

突然，儿子看见一位拄着拐杖的奶奶正朝他们走来。

"爸爸，老奶奶要去哪儿呀？"儿子问道。

"也许老奶奶是要去和朋友见面或是为谁送行吧。"爸爸回答道，"待会我们和她相遇的时候，要跟她打招呼说'您好'。"

"为什么要和她说'您好'呢？"儿子问道，"我们并不认识呀。"

"待会遇到她时你就这样说，到时你自然就会明白了。"

过了一会儿，老奶奶走过来了。

"您好。"儿子说道。

"您好。"爸爸说道。

"您好。"老奶奶微笑着回应道。

这时，儿子惊讶地发现，周围的一切都发生了变化。阳光变得更加温暖灿烂，阵阵微风轻轻吹过，树叶发出沙沙的响声，鸟儿在林间欢快地歌唱——这都是他之前没有察觉到的。

男孩心里感到十分快乐。

"这是为什么呢？"儿子问道。

"因为我们说'您好'，对方开心地笑了笑。"

（[苏联]苏霍姆林斯基）

小故事大道理

温暖和善意将让世界的面貌焕然一新。小男孩在父亲亲切的引导下已发现了这一点，他的快乐来自他对陌生的老奶奶的真诚相待，而老奶奶也微笑着回报了他的美意，这份相互的真诚让天地变得更加和美、怡人。所以，世界将因为我们自己的改变而改变，不必再吝啬或羞于表达对他人的友好。

哥哥的礼物

圣诞节来临，戴维的哥哥送给他一件出乎意料的礼物：一辆新汽车。

平安夜，戴维走出公寓大门，看见一个小男孩正围着他的新车前后左右地转悠、打量。

"先生，这是您的车吗？"见到戴维，小孩问道。戴维点点头，自豪地说："这是我哥哥送给我的圣诞礼物。"

"您是说，这车是您哥哥送给您的，您没有花一分钱？"小孩露出羡慕的神色，"唉，您多幸福！如果可能，我也愿意……"他嗫嚅着。

当然，戴维知道小男孩想说什么，他想说，他也很想有这样的哥哥。然而，小男孩说的却是："我也愿意能像您的哥哥那样，要是我有钱的话。"

戴维感到有些震惊，觉得眼前这个小男孩有些不一样。他随即问道："你愿意坐我的车兜一圈吗？"

"那太好了！我非常愿意。"

戴维开着车兜了一圈后，小孩双眼闪烁出光彩。他小心翼翼地问道："先生，您能开车从我家门口绕过一下吗？"

戴维露出不易察觉的微笑，他仿佛知道这个小男孩心里在想什么：他是不是想让邻居们看到，他是坐一辆新车回家的？

很不幸，戴维又想错了。

"车子能在那个两级台阶前停一停吗？"小男孩昂着头，天真地恳求道。

车停了，小男孩下了车，向台阶跑去。

一会儿，戴维听到小男孩走回来的声音。他走路的脚步很重，手臂里抱着一个更小更瘦弱的男孩——他的弟弟，一个残疾儿童。

他将弟弟放在台阶上，指着车子说："胡安，你看见了吗？就在那儿，那是他哥哥送给他的圣诞礼物，他没有花一分钱。总有一天我会送给你一辆崭新的车，和这辆车一模一样。到那时，你就可以坐着车子去看橱窗里摆的好多好东西。"

小男孩把自己的脸贴在弟弟的脸上，露出向往和幸福的表情。戴维的心突然被什么东西猛刺了一下，他跳下汽车，将小男孩的弟弟抱上汽车前座，让他的哥哥坐在后面。就这样，三个人开始了愉快的平安夜之旅。

小故事大道理

　　戴维的与人为善、助人为乐的行为令人感动；小男孩对残疾弟弟的不离不弃和美好的许诺，让这个平安夜变得更加温暖。"礼物"一词的本义是指出乎意料、无法预知的惊喜。陌生人之间的友善、兄弟之间浓得化不开的亲情，就是这则故事的作者赠送给读者最大的一份礼物。无论将来故事里的小男孩送给弟弟的礼物是什么，他捧出的都是一颗真挚的心。

"燃灯校长"

1990年，33岁的张桂梅从云南丽江教育学院毕业，和丈夫一起来到大理喜洲一中任教。没承想六年后，丈夫因胃癌去世。悲痛欲绝的张桂梅自愿要求调到丽江市华坪县工作。这里位于大山深处，是一片贫瘠又偏远的土地。

令张桂梅自己也没有想到的是，自从踏上这片土地的那一刻起，命运的齿轮开始转动，即将被改写命运的不仅是她自己，还有那些被大山困住的女孩。

初到华坪，张桂梅面对的是简陋的教学设施、匮乏的教育资源，以及沉重的教育扶贫任务。然而，这些困难并未能阻挡她前进的脚步，反而激发了她更加坚定的决心。为了拯救这些孩子，张桂梅做起了领路人。

2002年，孑然一身的张桂梅，一名普通的山区教师，立下了这样的誓言："我想建一所免费的女子高中，让这些山里的女孩们读书，让她们能走出大山……"

让她产生这种想法的，是她在一次次家访中见到的悲剧。有一次，一位女孩的父母为了3万块的彩礼钱，硬是要将13岁的女儿给嫁出去。张桂梅做了大量耐心细致的工作也无济于事，只好放弃。后来，她再也没有见到那个女孩，这也成了她一生的痛。她说："我们经常说，要让每一个孩子拥有公平的起跑线，可这些女孩却连站上起跑线的机会都没有。"

曾经走过11万公里的家访路，走进1800多名学生家中的张桂梅意识到，是贫困山区教育的落后和不对等，导致了低素质女孩成为低素质母亲，从而培养出低素质下一代的恶性循环。要从根本上解决山区贫困问题，就必须从提高妇女素质入手。

所以，她决定要建一所免费的女子高中，让山里女孩能够通过读书改变命运。她说："我再难，办女高都是对的，把命搭上都是应该的。"

可是贫苦女孩们难以挣脱的命运，真的就这么容易被改变吗？刚开始张桂梅没有资金，没有人脉，想要筹款，只能去街头募捐。她见人就说："我要办一所女子高中，你能不能支持我50块？两块也行。"路人怀疑她是骗子，大骂道："有手有脚不干活，戴个眼镜出来骗钱。"有人嘲笑她是乞丐，朝她吐口水。甚至有人放狗咬她，咬得她脚上鲜血淋漓。

为了女孩们的未来，她跑遍很多地方，找企业家们筹款。这样看似天真的一条路，她走了好几年。

2008年，在张桂梅的不懈努力下，华坪女高终于成立。这是中国唯一一所免费的女高。一句振聋发聩的誓词，撑起千百个大山女孩的梦想："我生来就是高山而非溪流，我欲于群峰之巅俯视平庸的沟壑。我生来就是人杰而非草芥，我站在伟人之肩藐视卑微的懦夫。"

平等、自由、独立，在这里生根发芽。

因为孩子们的基础差，张桂梅和老师们只能用最笨的方法，走最累的路。三年后，华坪女高第一届参加高考的96名学生，全部考上大学，综合升学率100%。此后，华坪女高连续10年综合上线率100%，一本上线率也由最初的4.26%上升到40.67%，排名全市第一。

华坪女高首届毕业生周云丽，2015年大学毕业后考取了宁蒗县城的中学教师岗位。后来听说母校缺数学老师，她果断放弃了县城工作，放弃了到手的正式编制，回到女高做数学代课老师。现在的周云丽已成长为女高的骨干教师。

女高第二届毕业生陈法羽考入云南警官学院，如今已成为丽江市永胜县的一名人民警察。当她领到第一个月工资时，将工资全部打到了女高账户上，资助需要帮助的学妹。

女高第四届毕业生丁王英考入云南农业大学，如今奔赴雪域军营成为一名高原女兵。她是云南通达傈僳族乡近二十年来的第一位女兵。2023年,她成功考取陆军工程大学通信士官学校，还在学校军事基础竞赛中一举摘得三个课目桂冠，成为师生口中的"三冠王"！

当被问到"你觉得这辈子的价值在哪儿"时,张桂梅这样回答:

"不管怎么着,我救了一代人。不管是多是少,她们后面过得比我好,比我幸福,就足够了,这是对我最大的安慰。"

小故事大道理

就像根据张桂梅真实事迹改编的电视剧《山花烂漫时》中的周善群所说,张桂梅把异想天开变成了现实,把不可能变成了可能,华坪女高,是一个拔地而起的奇迹。人们赞誉她为"燃灯校长",是因为她以自己的全部心血,点燃了贫困山区女孩们心中的那盏明灯,给了她们希望和信念,让她们走出大山看到更美丽的世界。

为国"深潜"的勇士

2025年2月6日,中国第一代核潜艇工程总设计师黄旭华因病离世。

对国人来说,黄旭华院士是"中国核潜艇之父",是为国"深潜"的无名英雄,他的名字与共和国核潜艇事业紧密相连。但在家人的眼中,黄旭华不仅仅是共和国的脊梁,更是慈爱乐观的父亲、相濡以沫的丈夫、引以为傲的儿子。

在小女儿黄峻的印象里,父亲是个乐观勇敢的人。深受他的影响,笑对人生也成了全家人的信条。黄旭华住进ICU(重症监护病房)后,家人每次去探视,病房便开起"家庭音乐会"。黄峻清楚地记得,有一次,妈妈唱了三首歌,爸爸才微微睁眼看了看妈妈。黄旭华最爱《送别》这首歌,但唯独这一首,成了全家心照不宣的禁忌。"妈妈说不能唱《送别》,因为只要不唱它，爸爸就永远在我们心里。"黄峻说。

在黄峻的记忆中，父亲是那种会鼓励孩子、不干预孩子选择的家长，他愿意微笑着倾听家里每一个人的想法。她记得父亲最常说的一句话就是："对于学习，对于求知，我永远是鼓励你们的，我会尽一切的努力去支持你们。"虽然极少用到"爱"这个字眼，黄旭华却用三十年隐姓埋名的经历，教会孩子们何为"以身许国、大爱无声"。

黄旭华与夫人李世英于1956年结婚，六十九年来，他们始终相濡以沫，携手前行。为了支持黄旭华的事业，李世英独自承担起家庭的重担。她说："虽然很累，但习惯了。国家的核潜艇事业，要无条件支持，家里有困难就自己想办法。"

在李世英的眼中，黄旭华是个"有时候有点傻"的大男孩。他总是嫌在理发店排队浪费时间，让妻子给自己剪了几十年的头发。

为了核潜艇事业，黄旭华隐姓埋名，三十年不曾回家，并且严守规定，不曾向家人透露过自己的工作。1987年，黄旭华给母亲寄去一本杂志，上面刊有报告文学《赫赫而无名的人生》，主人公是一位不能透露姓名的核潜艇总设计师。至此，黄旭华母亲才终于揣测到"不孝"儿子沉默三十年的秘密。

待再相见时，母亲已93岁高龄。黄旭华曾说："对家里，我内心是有愧疚的。但事业需要我这样，对国家的忠，就是对父母最大的孝。"母亲去世后，遗物里的一条围巾成了黄旭华思念的信物。每到冬天来临，他只戴母亲留下的围巾："有这条围巾，就如同母亲跟我在一道。"

黄旭华曾这样说道:"我非常爱我的夫人、爱我的女儿、爱我的父母。但是我更爱国家,在核潜艇事业上,我可以牺牲一切。"

小故事大道理

人们常说,哪有什么岁月静好,其实是因为有许多人在替我们负重前行,而且甘愿隐姓埋名。在忠孝不能两全的时候,黄旭华院士选择了为国尽忠,并且把这种忠诚作为对家人的最大的孝敬,也作为对子女的言传身教。在他身上体现出的乐观精神,是所有那些为了国家的发展、强大而牺牲个人一切的人的共有个性:不怕艰险,排除万难,去争取最后的胜利。

父子院士

在厦门大学化学化工学院有这样一对父子院士,两人分别在1980年和2005年当选中国科学院化学部院士,一时传为美谈。

他们就是——田昭武、田中群院士。

抗日战争胜利前夕,1945年夏天,田昭武以优异的成绩考入厦门大学化学系,师从卢嘉锡、钱人元等著名科学家。1946年夏天期末考试,田昭武全部课程平均成绩达91分,名冠全校。当时担任理学院院长兼化学系主任的卢嘉锡先生非常高兴,尤其令他惊喜的是,这个学生身上有着科学家所必备的不畏艰险、勇于创新的精神。

大学毕业后,田昭武因成绩优异而留校,并成为卢嘉锡先生的助教。二十年后,田昭武凭借孜孜不倦的求学精神在化学界闯出了一片天地。1980年,他当选为中国科学院学部委员(院士），成为当时最年轻的化学院士。

二十五年后，50岁的田中群也当选中国科学院院士。父子都是化学部的中国科学院院士，提起这件事总会让人产生一些"联想"。事实上，田中群从事化学，更多的是命运的安排。

田中群最初的理想是从事计算机科学。高考时，他第一志愿报了一所名校的计算机专业，分数也达到了录取线。但奇怪的是，他最终却被以"鼻炎"问题退了档。命运为他做了安排——他被第二志愿的厦大化学系录取了。

读大学时，一位前来访问的英国华裔电化学家曾很认真地劝田中群："你一定要离开电化学，否则，你一辈子都要笼罩在你父亲的影子之下。"尽管没有离开电化学，但是，田中群记住了这句话。几十年来，他刻意和父亲"分道扬镳"。父子俩很少一同出现在公开场合，他们从事的也是不同方向的研究。不仅如此，他的同事说，因为有了院士父亲，田中群不得不付出更多来证明自己的能力——他必须做得更好，以证明他的成绩是靠自己，而不是靠父亲获得的。

谈起父亲对他的影响，田中群说："多年以后，我终于明白，父亲对我的教育是身教胜于言传。"田中群说，父亲做科研几乎全年无休，有一次假期做实验时，还被锁在了实验室里。对于子女教育，他很少喋喋不休地严格管教。"高中时，有一次我问父亲一道数学题，他却说：'你要靠自己解决问题，这样才更有价值。'"田中群说，从此他逐渐养成了独立思考、刻苦钻研的习惯。

尽管在很长一段时间内，田中群刻意和父亲保持距离，研究领域也不同，但随着时间的推移，他越来越意识到，自己从未"远离"父亲，"他的专注、投入，一直影响着我"。

小故事大道理

不难想象，有一位同属化学部的院士父亲，给儿子田中群带来的有形、无形的压力会有多大。与父亲刻意保持距离也许不是他内心真实的想法，是他不得不做出的抉择。然而，父亲的身教胜于一切言传。勇于探索、不畏艰险、独立思考，这就是父亲给予儿子的最大的财富。

"大眼睛女孩"

三十四年前,《中国青年报》发表的一张照片《我要上学》感动了无数人。

照片中,一个坐在破旧教室里的小女孩抬起头,大大的眼睛里,流露出对知识的渴望,直击人心。这双"大眼睛"成为希望工程的象征,让千千万万失学儿童的命运,从此改写。

照片中的女孩名叫苏明娟。苏明娟1983年出生在安徽金寨县张湾村,这是大别山一个典型的贫困山区。她的家庭十分贫困,父亲靠上山砍柴换钱勉强维持生计。对于一个普通家庭来说,供孩子上学已是难题,更别提苏明娟家这样的贫困户了。

1990年,7岁的苏明娟勉强靠着父亲辛苦攒下的100多元学费,进入了村里的张湾小学。学校条件极为简陋——旧祠堂改建的教室,没有玻璃的窗户,大风顺着缝隙灌进来,冬天冷得让人直哆嗦。

苏明娟和同学们每天都得翻山越岭、走20多里的山路去学校。尽管求学艰难，苏明娟却格外珍惜这来之不易的机会。她知道，只有读书才能走出大山，改变命运。

1991年，命运悄然发生转变。

《中国青年版》摄影记者解海龙，来到金寨县采风。他被张湾小学破败的教室和艰苦的学习条件所震撼。当他走进教室，看到苏明娟正在低头写作业。听说有人来访，她好奇地抬起头。这一瞬间，苏明娟清澈的大眼睛，深深触动了解海龙。他迅速按下快门，拍下了那张震撼人心的照片。

这张照片题为《我要上学》，后来成为希望工程的宣传海报。短短几个月，全国的爱心捐款突破1亿元，苏明娟也成了希望工程的形象代表。全国各地的爱心人士为她捐款捐物，她得以顺利完成学业。

苏明娟充满感激地回忆道："读中学时，很多好心人都给予过我帮助，有的小朋友把零花钱寄来了，有的大学生把业余时间的打工钱也寄给了我。天津一名退休老人从我读初中到高中，每年过节都给我寄糖果和生活用品。"后来又有其他捐助者想要捐助，但她的父亲坚决拒绝："这钱我们不能要，因为我们已经有别人的帮助了。你爸你妈还能干活，还能养活你和弟弟。"在捐助人拒绝收回捐款的情况下，苏明娟将这笔钱全部转捐了希望工程。

1998年，苏明娟以共青团第十四次代表大会代表的身份赴京。整个大会堂里，她是最小的与会代表。苏明娟迎来了很多鲜花、掌声和关注，但她始终是那么淳朴本分，不卑不亢。2002年9月，她考取了安徽大学职业技术学院金融专业，毕业后进入中国工商银行安徽省分行工作。

人们的关爱和帮助给苏明娟巨大的启发和鼓舞。1997年，刚上初二的苏明娟，就将别人资助的600元钱汇给了宁夏的一位回族小姑娘，帮她圆了求学梦。2002年考上大学后，她坚持勤工俭学，把每学期定额发给她的900元生活补贴，全部转给其他贫困学生。参加工作后，她把第一笔工资全部捐给了希望工程，此后每月她都会捐出工资的一部分。此外，每年她都会拿出1000元资助贫困生，从未间断。

2006年，她和《我要读书》的摄影者解海龙，共同拍卖了"大眼睛女孩"照片版权，将所得的30多万元全部用于援建西藏拉萨市曲水县的一所希望小学。

2018年，她又拿出3万元积蓄作为启动资金，设立"苏明娟助学基金"，致力于帮助更多的贫困学子。

接受人们关爱长大的苏明娟，用自己的行动，将爱和希望继续传递下去。

小故事大道理

　　法国哲学家西蒙娜·薇依说:"为感受一种纯真的感激之心……我需要设想,别人善待我,并非出于怜悯,出于同情,或是由于任性,作为一种恩惠或是特权,也不是由于气质上的天生的结果,而是出于这种渴望:做正义要求之事。"资助"大眼睛女孩"和希望工程的无数平凡的人,并不只是在做善事,也是在做他们认为正义的事情。而苏明娟从一位爱心受益者到一位公益践行者的成长轨迹,使我们相信,一定有更多的人正在接过助力棒,将善意和希望继续传递下去,让这个社会变得更加温暖。

鞋里的小石子

从前有个十岁的小男孩,每天都会和父亲去附近的小山散步。

有一天,男孩提议道:"爸爸,今天我们来比赛吧!谁先到达山顶,谁就赢得比赛。"爸爸同意了。

两人开始往山顶跑。一开始两人不相上下,但跑了一会儿,父亲突然停了下来。

男孩问:"爸爸你怎么停下来了?你要认输了吗?"

"不是,我的鞋子里进石子了,我停下清理。"父亲一边整理一边回答。

男孩正冲劲十足,心想这可是拉开距离的好机会,他说道:"我的鞋里也进石子了,但如果我停下清理就没办法赢得比赛了。等我到山顶了再来清理它们吧。"说完,小男孩加快速度往山顶冲。

父亲则不紧不慢地倒出鞋里的石子，仔细检查好后再继续比赛。

男孩已经领先很多了。眼看胜利在望，小男孩鞋里的石子却硌得脚越来越疼，他的速度渐渐慢下来。不一会儿父亲就追了上来。

父亲在后面喊："你为什么不把鞋里的石子清理掉呢？"

"我没时间！"男孩回答道，山顶就在前方，他可不想现在停下来。

但很快，父亲就超过了他。

尖锐的石子硌得男孩的脚生疼，男孩一步路也走不了了。他瘫坐在地上哭喊："爸爸，我跑不动了！"

父亲急忙折返，脱下儿子的鞋子，发现男孩的脚底都是伤口。父亲背起孩子赶紧回家处理伤口。

等疼痛缓解些，父亲对儿子说道："孩子，如果当时花一分钟清理石子，现在就不用疼一个星期了。"

"可我怕停下就会输……"男孩抽泣道。

"亲爱的孩子，恰恰相反，当我们在生活中遇到问题时，不该拖延着不处理，想着'等有时间再说'。因为这些被忽视的小问题就像鞋里的石子一样，刚开始只是轻微不适，拖着不解决就会越来越严重。及时处理麻烦，才能走得更远。"父亲说道。

小故事大道理

　　当我们在生活中遇到一些小问题时，是否也总是找借口拖延，不及时解决？但殊不知，有时这些小问题也会积攒变成大麻烦。在人生的道路上，我们不应只顾眼前而忽略了微小的隐患，盲目追求速度。真正的智慧应当是确保每一步都走得扎实稳妥，这样才能保持前行的从容，走得更远。

永不凋谢的玫瑰

在苏联的一所学校,花房里正绽放着一朵朵美丽的玫瑰。每天都有很多同学慕名前来观看,从没有人伸手去采摘。

一天清晨,就读于学校附属幼儿园的一个四岁小女孩走进花房,摘下了一朵最大、最漂亮的玫瑰。

当小女孩拿着花走出花房时,迎面碰上了学校的校长。校长看着她和她手里的玫瑰,心里感觉很奇怪,便弯下腰亲切地问道:"孩子,你可以告诉我你摘下的花是送给谁的吗?"

"这是送给奶奶的。奶奶生了重病,我告诉她学校花房里有一朵很大很大的玫瑰。奶奶不信,我就摘下来送给她看,希望她早点好起来。等奶奶看完之后,我会把花送回来的。"小女孩天真地回答。

听完孩子的回答,校长的心禁不住颤动起来。他牵着小女孩的手返回花房，摘下了两朵大玫瑰，对她说："这一朵是奖给你的，你是一个懂事的孩子。这一朵是送给你奶奶的，感谢她养育了你这样的好孩子。"

这位校长是谁呢？他就是苏联伟大的教育家苏霍姆林斯基。

小故事大道理

看到学生的行为时，校长首先是认真地倾听，而不是急于下结论。小女孩是为了生病的奶奶才摘的花，当小女孩的善意与规则产生冲突时，校长选择守护小女孩的善良和童真。校长送出的两朵玫瑰因纯净的孝心和智慧的教育理念，而散发出最沁人心脾的芬芳，永恒美丽。

提着灯的老人

从前有个小镇,镇上住着一位独居的老人。尽管这位老人双目失明,但他每晚外出时,总会在手上提着一盏点亮的灯。

有一天晚上,老人在外吃完晚饭独自回家,路上遇到了几名年轻的游客。年轻人看老人双目失明却提着一盏明灯,便开始对他指指点点,拿他取笑。其中一名小伙子讥讽道:"嘿,老头,你又看不见,提着灯有什么用啊?"

老人回道:"的确,我的眼睛不幸失明了,看不见任何东西。但我提的这盏灯是为了你们这些能看见的人而点的。不然黑暗中你们很难察觉到一个盲人走来,甚至会不小心撞到。这就是为什么我要提着一盏灯。"

年轻人听后羞愧难当,纷纷为自己的无礼而道歉。

小故事大道理

　　年轻游客看到失明的老人提着灯，不加思考便认为老人多此一举，并以此来嘲笑老人。但他们没想到，老人提灯却是从考虑他人的角度出发，以免他人在黑暗与自己相撞造成不便。因此当我们不了解一件事的全貌时，切记不要妄加评论。常用善意的眼光去看待世界和他人，也许能发现更多的美好。

蓝色苹果

1800年7月的一天,阳光洒在德国的萨勒河上,一个婴儿诞生在河畔的一座小村庄。

老卡尔兴冲冲地跑进屋子,看到了这个可爱的孩子,这是他的第一个孩子。瞧这小家伙多可爱呀!老卡尔为他起名为卡尔·威特。老卡尔抱着孩子,有些忧心忡忡,因为小卡尔属于早产儿,比预产期提前了一个月出生。在出生的过程中,小卡尔又差点窒息而死,他降临到这个世界上堪称奇迹。

小卡尔出生后的第三天,一位牧师来到老卡尔家做客。他发现小卡尔的目光显得有些迟钝,看什么都呆呆的。牧师觉得他是个痴呆儿,并且不加掩饰地说出了自己的想法。老卡尔简直不敢相信自己的耳朵,他的妻子也泪流满面。命运是如此残酷,他们不知道小卡尔将来会面对怎样的困难。

尽管如此，老卡尔和妻子仍然全心全意地爱着孩子。老卡尔不相信自己的孩子真的会一无是处。他认为，作为父亲，他有责任尽自己最大的力量，让孩子变得开心快乐，长大成才。

有一天，一位朋友来拜访老卡尔，两人在客厅里聊天。这时好友看到一旁的小卡尔正用一支蓝色的画笔在画圆，于是好奇地问小卡尔在画什么。

小卡尔天真地回答："我在画苹果。"

好友吃惊地说："世上哪有蓝色的苹果呀，你应该用红色的笔来画苹果！"同时，好友建议老卡尔及时纠正这个"错误"。

谁知老卡尔回答道："你为什么告诉孩子必须要用红色的笔来画苹果呢？我觉得他画得很好，说不定他以后可能真的会栽培出蓝苹果。再说，等他吃苹果的时候，他自然就知道真正的苹果是什么颜色了。"

在父母的细心照顾和精心培育下，小卡尔不仅和健康的小孩无异，甚至还展现出了超乎常人的语言天赋，八九岁时就能熟练运用德语、法语、意大利语、拉丁语、英语和希腊语六种语言与人进行交流。此外，小卡尔还通晓动物学、植物学、物理学、化学，尤其擅长数学。9岁那年，他顺利考入莱比锡大学，这让老卡尔感到十分欣慰。一年后他又进入哥廷根大学继续深造。13岁时他出版了《三角术》一书，14岁就被授予哲学博士学位（他目前仍然是《吉尼斯世界纪录大全》中"最年轻的博士"纪录保持者），16岁时又获得法学博士学位，并被聘为柏林大学法学教授。23岁那年，他出版《但丁的误解》一书，成为业界研究但丁的权威。

与那些过早失去后劲的神童们不同，卡尔·威特一生都在德国的著名大学里任教，深受同行和学生们的好评，直到1883年逝世为止。

小故事大道理

每个生命都蕴含着无限的可能，不必因外界的否定而自我设限。父亲老卡尔并未因他人匆忙的判断而对小卡尔失去希望，反而以更大的热情投入到小卡尔的成长和教育中。当小卡尔画出蓝色苹果时，父亲也并未急于用现实和他人的目光去束缚小卡尔的想象力，而是鼓励他自由创作，保护了他探索世界的好奇心。正是在父母的这种呵护与关爱下，小卡尔的人生反而绽放出了异常耀眼的光芒。

校长戒烟行动

张伯苓是著名的爱国教育家,出生于天津,是南开大学这所名校的创办人之一,1919年至1948年出任南开大学校长。

有一次,张伯苓在学校里发现有个学生的手指因长期吸烟而被熏黄了,就严肃地劝告那个学生说:"抽烟对身体有害,要戒掉它。"没想到那个学生不服气地反问道:"那您抽烟就对身体没有坏处吗?"

对于学生咄咄逼人的反问,张伯苓歉意地笑了一下,然后立刻让人把他身上所有的烟都拿出来,当众销毁。他还折断了自己用了很多年的心爱的烟袋杆,并非常诚恳地对大家说:"从此以后,我与诸同学共同戒烟!"

果然,从那以后,他就再也没有吸过烟了。校长的率先垂范打动了那些爱吸烟的学生,他们相继戒掉了吸烟的坏习惯。

小故事大道理

　　打动学生们的不只是张先生的率先垂范，知行合一，还有他坚决果断的人格魅力。面对学生合理的质疑，他没有找任何借口，也没有一点拖泥带水，当即在众人面前销毁自己的烟，折断心爱的烟袋杆，以切实行动而不是空洞说教，把戒烟的决心充分传达给了学生，并且严守自己的承诺。因此，想要影响他人，最好的方式是首先从自身做起，用实际行动来展现自己的决心和信念。

赞美是暗室中的蜡烛

在一座海滨小城，当地气象台已发出预警，将有一场强台风来袭。虽然这不是第一次了，但强台风的威力还是不可小觑，大家都积极地投入到预防工作中。

一户人家里，一位母亲正忙碌着，旁边站着她乖巧的小女儿。

"这该死的台风……"母亲一边储存备用的食品、纯净水，整理、收拾东西，一边咒骂着。

"我喜欢台风。"旁边的小女孩嘀咕道。

母亲感到很诧异，因为强台风破坏力极强，淹没农田，毁坏庄稼，吹倒房屋、线缆，扰乱正常的交通秩序，给大家的生活带来巨大的麻烦。可眼前这个小不点儿居然说她喜欢台风。

"孩子，告诉妈妈，你为什么喜欢台风？"母亲奇怪地问道。

"上次台风来了，就停了电。"小女孩不假思索地回答。

"停了电又怎么样？"

"晚上就会用蜡烛。"

"你喜欢点蜡烛吗？"

"是的，那次停电时，我点着蜡烛走来走去，你说我像小天使。"

母亲顿时无言，她放下了手中的活计，抱起小女孩，亲吻着她的小脸蛋，凑近她的小耳朵说了一句话："孩子，你永远是我的天使！"

小故事大道理

赞美就像春风化雨，催生出最美的花朵；赞美就像灿烂阳光，让大地一片和煦。母亲不经意间的一句赞美，便让小女孩铭记在心。而这份赞美和爱意在这个糟糕的台风之夜，又化为小女孩童真的言语，驱散了坏天气给母亲带来的烦躁，温暖了彼此的心灵。

没有线的风筝

一位父亲带着儿子去参加风筝节，小男孩看到满天飞在空中的彩色风筝十分高兴。于是小男孩央求父亲也给他买一只风筝和一卷线，这样他也能放风筝了。父亲答应了小男孩，并给他买来了他想要的东西。

小男孩开始放风筝。很快，他的风筝飞到了高空。过了一会儿，小男孩说："爸爸，线好像在拽着风筝不让它飞得更高。要是我们把线剪断，风筝就能自由地飞得更高了。我们把线剪断吧？"于是，父亲剪断了线轴上的线。风筝先是往上蹿了一截，小男孩开心得直拍手。

可渐渐地，风筝开始往下飘，不一会儿，就掉在了一栋房子的屋顶上。小男孩感到很意外，这和他想的一点儿也不一样。他问父亲："我以为剪断线风筝就能飞更高，怎么反而掉下来了呢?"

父亲解释说:"孩子,我们总觉得生活中,有些牵绊在束缚着我们,使我们无法飞得更高。其实这根线不是在束缚风筝,而是帮助风筝能飞得更稳——当风力减弱时托着它不掉下来,当风力变强时牵着它朝着正确的方向飞得更高。而一旦剪断了线,风筝就失去了这份支撑。"

小男孩听完,明白了自己的错误。

小故事大道理

有时,我们以为脱离家人和家庭的"牵绊"才能飞得更高。但是,我们却没意识到,正是这些爱与支持帮助我们度过人生中的艰难时刻,并鼓励我们达到人生中更高的高度。他们不是在牵绊我们,而是在托举和支持我们。永远不要松开这些温暖的"线"。

贫穷的国王和圣人

从前,有位圣人路过一个著名王国的首都。走着走着,他发现路上有一枚硬币,就捡了起来。圣人生活简朴,无欲无求,用不上这钱,就打算把这枚硬币送给有需要的人。但他在城里逛了一整天,都没有找到需要帮助的人。最后他找了个落脚的地方,休息了一晚。

第二天早上,圣人醒来后看见国王正率领军队准备出征攻打邻国。国王见到圣人,下令暂停行军。国王来到圣人面前,说:"圣人啊,我要去征战开拓我的疆土,请您赐福保佑我取得胜利吧!"

圣人想了想,然后从口袋中掏出了那枚硬币递给了国王。国王感到很疑惑又不快——他已经是世上最富有的国王之一了,要这一枚硬币有什么用呢?国王问:"这是什么意思?"

圣人解释道:"尊敬的国王,昨天我在您的都城漫步时捡到了这枚硬币。我自己留着没用,便想把它送给有需要的人。但我走遍全城直到夜深,都没有找到——每个人都过得开心富足。反倒是今天遇见您,这个国家的国王,明明已经拥有了那么多,却还渴望得到更多。看来您才是最需要这枚硬币的人。"

国王听罢醒悟,放弃了征战。

小故事大道理

一碗饭能喂饱饥饿的身体,却填不满贪婪的胃口。百姓虽无太多的财富却生活富足,国王坐拥天下仍欲壑难填。这一枚硬币所折射出的,是国王无止境的贪欲所带来的空虚。或许在财富上国王是最富有的人,但在心灵上,他却是最贫穷的人。

老禅师与小和尚

古代有位老禅师,有一天晚上在禅院里散步,偶然看见院墙边有一张椅子。他立即明白有位出家人违反寺规翻墙出去了。

老禅师也不声张,静静地走到墙边,移开椅子,就地蹲下。

不到半个时辰,他果真听到墙外一阵响动。少顷,一位小和尚翻墙而入,黑暗中踩着老禅师的背脊跳进了院子。当小和尚双脚着地时,才发觉自己刚才踏上的不是那把椅子,而是自己的师父老禅师。老禅师小和尚顿时惊慌失措,张口结舌,战战兢兢地站在原地,等待老禅师的责备和处罚。

出乎小和尚意料的是,老禅师并没有厉声责备他,只是以很平静的语调说:"夜深天凉,快去多穿一件衣服。"

小故事大道理

　　试想一下，如果老禅师厉声斥责小和尚，乃至闹得全寺院的人都知道了这件事，小和尚会怎么想，怎么做呢？说不定他会破罐子破摔，在错误的路上越走越远。这绝不是老禅师的本意和初心。他明白，多一份善意，多一份体贴，这个世界上就会多一个迷途知返的人，一个终成正果的人。

人，生当有品

钱学森1911年出生在上海，是杰出的爱国科学家、中国科学院暨中国工程院院士、"两弹一星功勋奖章"获得者，被誉为"中国导弹之父"。

钱学森的父亲钱均夫早年赴日本求学，1911年回国，曾担任浙江省教育厅厅长。母亲章兰娟性格开朗，心地善良，为人热情，而且计算能力与记忆力极强，具有很高的数学天赋。

上小学前，母亲在家中教钱学森读书、识字，教导他学习要勤奋，不能懒惰。这让钱学森养成了每天早起的好习惯。吃完早饭后，他就开始跟母亲背诵古诗文；累了，就读一些儿童读物。下午，或者画画，或者练习毛笔字。每日如此，从不间断。

如果说母亲为他打下良好的学习基础，父亲则对他思想品格的养成起了关键的作用。

五岁时，钱学森问父亲："《水浒传》中的108个英雄，原来是天上的108颗星星下凡的。那人间的大人物、做大事的人，是不是都是天上的星星变的呀？"父亲认真想了一下回答道："《水浒传》是人们编写的故事。其实，所有的英雄和大人物都不是天上的星星。他们原本都是普通人，只是他们从小爱学习，有远大的志向，而且又有决心和毅力，不惧怕困难，所以就做出了惊天动地的大事情。"钱学森听后大受鼓舞："那我也可以做英雄了！"

1935年，钱学森以优异的成绩毕业于上海交通大学，决定赴美学习，渴望学到更多的知识来改变祖国贫穷落后的现状。临行时，母亲特意为他买了《老子》《庄子》等典籍，嘱咐他："熟读这些书籍，可以对祖国传统的哲学思想摸到一些头绪。"母亲和父亲一样，还认为："任何一个民族的特性和人生观，都具体体现在它的历史中。因此，精读史学的人，往往是对祖国感情最深厚、最忠诚于祖国的人。"

分别之际，父亲从口袋里掏出一张纸条，郑重塞到儿子手里，转身离去。钱学森望着父亲的背影消失后，展开纸条，上面写道："人，生当有品：如哲、如仁、如义、如智、如忠、如悌、如教。吾儿此次西行，非其夙志，当青春然而归，灿烂然而返。"寥寥数言，让钱学森铭记一生。

留学美国后，虽然美国方面为钱学森提供了优越的工作环境和物质待遇，但钱学森始终没有忘记自己的祖国，始终没有割舍报效祖国的深情。远在国内的母亲每次在给他写信时，都提醒他努力学习，好早日回国。钱学森始终把母亲的教诲牢记在心头。

多年后，几经辗转，钱学森终于回到祖国的怀抱，投身于"两弹一星"的研究，为祖国的航天事业立下了不朽功勋。

小故事大道理

良好的学习基础固然重要，但更重要的是优良品格的养成。父亲在纸条上写下的寥寥数言，教导了钱学森在学识之外更要培养高尚的品格，也为钱学森的一生指明了奋斗的方向——学有所成，回家报国。钱学森在父母的教诲下，将个人理想熔铸于民族大义之中，为国家作出了不朽的贡献。

国王和猎鹰

一天，国王带着他心爱的猎鹰外出捕猎。远处的山坡上一只野兔悠闲地蹦来跳去，国王松开猎鹰。只见猎鹰飞上天空，然后像一道黑色的闪电劈向那只野兔，国王则骑着马紧跟其后。不一会儿，猎鹰便带着野兔回到了国王身边，国王十分高兴。

这时，国王觉得有些口渴，便四处找水喝。他发现不远处有一处泉水，但水流很小，泉水一滴一滴地流出来。国王解下拴在鞍边的水壶，一滴一滴地接着。好不容易等水壶接满了，国王拿着水壶刚送到嘴边，猎鹰突然扑腾着翅膀打翻了水，洒得一滴不剩。国王重新拿着水壶去接，又等了好久才接满，可刚要喝，猎鹰又拍着翅膀打翻了水。

等到国王第三次重新接满水时，猎鹰竟又打翻了水壶。国王勃然大怒，抓起猎鹰狠狠摔到地上，把猎鹰给摔死了。

此时，国王的随从们骑着马赶来了。其中的一个随从顺着山泉向上游跑去，想尽可能多地打些水来。但过了一会儿，随从却只带回了一个空水壶，喊道："这水不能喝！泉里有一条毒蛇，它把毒液放进了水里。幸好猎鹰打翻了水壶，要是您喝了，可就没命了！"

国王望着死去的猎鹰，悔恨地说道："我竟这样恩将仇报！它救了我的命，我却杀了它。"

小故事大道理

猎鹰三次打翻水壶，国王不了解真相，只以为猎鹰是胡闹就怒杀了猎鹰。国王全然不知猎鹰其实是在拯救他的性命，等到真相揭晓才追悔莫及。可见，当我们不了解一件事的全貌时，不能因一时的情绪而冲动行事。愤怒会蒙蔽人的双眼，遮蔽真相。

桥

从前有两兄弟，他们感情很好。两人的农场紧挨着，四十年来一直和睦相处，有时谁家需要什么工具，帮什么忙，大家都会互相帮衬。但最近，两人却因为一点小误会大吵一架，已经好几周没有说话了。

一天早上，哥哥听见敲门声，他打开门，看到门口站着个木匠，肩上背着一个大木箱。"我想找点零工做，"木匠说，"或许您这里有什么活计需要做吗？"

"正好！"哥哥说道，"我确实有活给你。你看那个农场，那是我邻居家的，他是我弟弟，但我们最近闹掰了。上周他借口引水要开辟一条小渠，结果他却在我们两家之间挖了这么宽的一条水沟，我肯定他是故意气我。我要你建个什么东西，好让我再也不用看见他的脸！"

木匠回答说:"我明白了,包在我身上吧,保证让您满意。"

哥哥帮木匠备好木材后,便进城去办事了。一整天,木匠都在忙着测量、锯木头、钉钉子。

太阳快下山的时候,哥哥回来了,木匠也正好完工。哥哥瞪大了眼睛张大着嘴,眼前的景象完全出乎他的意料——水沟上竟然架起了一座漂亮的木桥。更让他惊讶的是,他的弟弟竟从桥那头跑过来,张开双臂抱住了他。

"我的好哥哥!我对你说了那么过分的话,做了那么过分的事,你还不计前嫌地建了这座桥。我真为我的行为感到羞耻!请你原谅我吧!"弟弟流着泪说道。

兄弟俩终于和好如初。他们转身看到木匠正背起工具箱准备离开,哥哥便拉住木匠说道:"请在这里多待几天吧,我这里还有些活想请你做。"

木匠笑着回道:"谢谢你们的好意,但还有很多桥等着我去建呢!"

小故事大道理

起初可能只是一个小小的误会,但因兄弟两人不断地斗气,导致矛盾越来越深。如果木匠真按哥哥赌气所说,建起一道高墙,恐怕两人从此以后真的再也不相往来,一段四十年的手足情谊也会因此断送。木匠架起的这座桥跨越的不仅是一条水沟，更是两人间情感的隔阂，有了沟通的桥梁，矛盾和误会也随之烟消云散。生活中的许多矛盾，恐怕缺的也正是这样一座桥。

晚　餐

　　一天晚上，儿子带年迈的父亲去餐馆吃饭。父亲年纪很大了，身体很虚弱，握叉的手颤颤巍巍的，吃饭时把食物撒得身上到处都是。其他桌的客人见此情景，都露出嫌恶的表情。但儿子丝毫不在意周围人的眼光，专心地和父亲享用晚餐。

　　当他们吃完后，儿子从容地站起身来，扶着父亲去了洗手间。他仔细地帮父亲清理掉粘在衣服上的残渣，擦掉污渍，还帮父亲梳好头，戴好了眼镜。他们回到餐厅时，周围人的眼神里依然充满了沉默的嫌恶，不理解怎么会有人当众做这种"丢脸"的事。

　　儿子付完账，扶着父亲准备离开。

　　这时另一桌有位老人喊住他："你落了东西。"

　　"没有啊。"儿子检查口袋及随身物品。

"你留下了一堂给所有子女的课，"老人说，"还有给所有父亲的希望。"

吵闹的餐馆陷入安静。

小故事大道理

父母终有一天会老去，曾经牵着我们前进的大手也有一天会变得布满皱纹。我们小的时候，父母曾无微不至地呵护我们长大；当他们老去，就该我们牵起他们的双手，关心他们，爱护他们。

玩弹弓的男孩

假期，山姆和姐姐玛丽一起到爷爷奶奶家的农场玩。

在树林里玩耍时，山姆捡到了一个弹弓。他对着周围的树干练习射击，却总是打不中。山姆觉得有些泄气，便准备先回去吃午饭。回去的路上山姆看到奶奶养的宠物鸭在草地上悠闲地晒着太阳，鬼使神差，他举起弹弓对准了小鸭子的脑袋。"咻"的一声，小鸭子应声倒地。

山姆又惊又怕，慌乱中他找来一堆树枝把死去的小鸭子掩藏起来，就赶紧离开了。但他不知道的是，此时玛丽正透过窗户看到了全过程，却什么都没说。

第二天午饭后，奶奶说："玛丽，我们一起来洗碗吧。"

玛丽说："奶奶，山姆说他想来帮忙收拾厨房，让他来做吧！"然后，玛丽附在山姆的耳朵上小声说："还记得那只鸭子吗？"

山姆吓坏了，知道玛丽看到了一切，生怕玛丽会告发他，于是只能乖乖按照玛丽所说的去做。

下午，爷爷问孩子们有谁想一起去钓鱼。但奶奶却说："太不巧了，玛丽得留下帮我准备晚饭。"

玛丽笑了笑，回道："正好，山姆跟我说他想帮忙准备晚饭。是吧，山姆？"然后她又小声在山姆耳边说："还记得那只鸭子吗？"于是，玛丽开开心心地去钓鱼了，山姆则留下帮忙。

接下来的几天，玛丽都以此来要挟山姆。最后，山姆实在受不了了，他哭着向奶奶坦白自己用弹弓打死了鸭子。

奶奶蹲下来抱住了他："亲爱的，我早就知道了。我当时就站在窗边，看到了全过程。我知道你不是故意的，所以我已经原谅了你。我只是好奇，你会让玛丽使唤你多久。"

小故事大道理

当我们犯错后，隐瞒并不能解决问题，甚至还有可能被他人利用自己的过错进行要挟，让自己陷入更糟糕的境地。因此，犯错后与其因隐瞒而受人牵制，不如诚恳道歉、勇于承担后果。真正解决问题，才能让自己的内心获得平静。